BEI GRIN MACHT SICH IHR WISSEN BEZAHLT

- Wir veröffentlichen Ihre Hausarbeit, Bachelor- und Masterarbeit

- Ihr eigenes eBook und Buch - weltweit in allen wichtigen Shops

- Verdienen Sie an jedem Verkauf

Jetzt bei www.GRIN.com hochladen und kostenlos publizieren

Bianca Giesler

UNICUM.de – Die Wissensreihe

UNICUM.de

Band 11

Fallbeispiel zu Bourdieus Feldtheorie: Paul Verlaine

Die "Art Poétique"

GRIN Verlag

Bibliografische Information der Deutschen Nationalbibliothek:

Die Deutsche Bibliothek verzeichnet diese Publikation in der Deutschen National-
bibliografie; detaillierte bibliografische Daten sind im Internet über http://dnb.d-
nb.de/ abrufbar.

Impressum:

Copyright © 2008 GRIN Verlag GmbH
Druck und Bindung: Books on Demand GmbH, Norderstedt Germany
ISBN: 978-3-656-28096-5

Dieses Buch bei GRIN:

http://www.grin.com/de/e-book/202022/fallbeispiel-zu-bourdieus-feldtheorie-paul-
verlaine

GRIN - Your knowledge has value

Der GRIN Verlag publiziert seit 1998 wissenschaftliche Arbeiten von Studenten, Hochschullehrern und anderen Akademikern als eBook und gedrucktes Buch. Die Verlagswebsite www.grin.com ist die ideale Plattform zur Veröffentlichung von Hausarbeiten, Abschlussarbeiten, wissenschaftlichen Aufsätzen, Dissertationen und Fachbüchern.

Besuchen Sie uns im Internet:

http://www.grin.com/

http://www.facebook.com/grincom

http://www.twitter.com/grin_com

Inhaltsverzeichnis

Einleitung

Die traditionelle Literaturwissenschaft hat sich lange Zeit auf die ideographische Analyse von Einzelfällen beschränkt, die Werke sozusagen als Ausdruck einer „kreativen" Individualität in ihrer Einzigartigkeit angesehen. Der daraus resultierende kritische Ansatz konzentrierte sich einzig auf das Werk als Untersuchungsgegenstand – gemäß einer internen Ästhetik, die vorschreibt das Werk als System zu sehen, das in sich selbst, in seiner Kohärenz, die für das Verständnis nötigen Prinzipien und Normen enthält. Dabei wird allerdings das soziokulturelle System, von dem das Werk umgeben ist, ausgeschlossen. Die Literatursoziologie versucht genau diese Lücke zu schließen und die Werke im Zusammenhang mit den ökonomischen, sozialen und kulturellen Umständen ihrer Entstehung zu sehen. Dieser non-dialektische Ansatz, der im Werk eine direkte Spiegelung von gegebenen sozio-ökonomischen Umständen sieht, vernachlässigt jedoch die Existenz der zahlreichen Zwischenstufen zwischen der Infrastruktur und dem eigentlichen kulturellen Produkt.

Erst eine kritische Systematisierung von Wissen erlaubt eine mögliche Kontinuität oder Brüche zu erkennen. Der Begriff ‚Feld' soll dabei die Existenz sozialer Mikrokosmen, getrennter und relativ autonomer Räume in Erinnerung rufen. Zwischen allen Feldern, auch dem bisher als Sonderfall behandelten ökomischen Feld, herrschen strukturale und funktionale Homologien. Die vielfältigen Verknüpfungen, die so zum Untersuchungsgegenstand werden, beschreibt Bourdieu selbst als „maßlos". Es müsse bei jeder Analyse nach seiner Theorie ein mehr oder weniger willkürlicher Schlusspunkt gesetzt werden, auch wenn die provisorischen Ergebnisse so nur eine Richtung vorgeben können. Relativ ist diese Autonomie im Verhältnis zum Feld der Macht wegen des (zumindest von Seiten des literarischen Feldes) unbeabsichtigten Ausgleichs von Angebot und Nachfrage. Das literarische Feld produziert eigentlich zum Selbstzweck und sucht nicht eine bewusste Anpassung an Käuferinteressen. Diese Koinzidenz verschiebt jedoch temporär die Beziehung des literarischen Feldes und dem Feld der Macht.

Bourdieu kritisiert, dass Literaturwissenschaft sich dogmatisch auf literarische Theorien und Traditionen beruft, von denen keine den Blick über den eigenen Tellerrand wagt; das Produktionsfeld und die Beziehungen, d.h. die gesellschaftlichen Bedingungen der Produktion, werden schlicht ignoriert. Gesellschaftliche Formationen finden aber sehr wohl einen indirekten, ästhetisch übersetzen Ausdruck in der kulturellen Produktion. Um diesen neuen Code richtig zu verstehen und einzuordnen, ist ein weiterer Blick unabdingbar. Mit anderen Worten: Erst wenn man das literarische Feld im System objektiver Beziehungen begreift, also in der Interdependenz und Konkurrenz zu anderen Feldern, lassen sich wirklich Erkenntnisse darüber gewinnen. Interne, d.h. werkimmanente und externe, d.h. sozialwissenschaftliche Interpretation eines Werkes stehen sich so nicht mehr alternativ gegenüber, sondern ergänzen sich zu einer Gesamtanalyse. Der soziale Determinismus, dessen Spuren am Kunstwerk offenbar werden, entsteht nach dieser Konzeption auf zweierlei Weise: Zum einen durch den Habitus des Produzenten, der auf die gesellschaftlichen Umstände seiner Kreation sowohl als soziales Subjekt (Familie etc.) als auch als Produzent (Schule, berufliche Kontakte etc.) verweist, zum anderen durch die Anforderungen und sozialen Zwänge, die mit der eingenommenen Position innerhalb des Feldes verbunden sind.

Das literarische Feld ist gleichsam die Kampfstätte für die Position eines Autors; über Anerkennung bzw. Ablehnung wird definiert, wer sich als ‚Schriftsteller' bezeichnen darf. Das liegt daran, das ‚Dichter', ‚Schriftsteller' etc. abstrakte Begriffe sind, die selbst Bestandteil der zu interpretierenden Wirklichkeit sind. Ähnlich wie bei Platons Höhlengleichnis sind sie nur Schatten und somit als Werkzeug der Klassifizierung ungeeignet. Das Resultat sind hierarchische Strukturen und Konkurrenzkämpfe, die in einer globalen Analyse zu berücksichtigen sind. Diejenigen, die ein spezifisches symbolisches Kapital inne haben und somit die Grundlage von Macht bzw. Autorität innerhalb des Feldes sind gezwungen

Strategien der Konservierung zu entwickeln und die Orthodoxie zu verteidigen; auf der anderen Seite sind diejenigen, die über weniger symbolisches Kapital verfügen gezwungen, subversive Strategien zu entwickeln und eine häretische Position einzunehmen. Der Nichterfolg eines Autors bleibt dennoch ambivalent: Wenig Publikum kann als Gütesiegel für die Qualität des Werks inszeniert werden oder tatsächlich Ausdruck von Talentlosigkeit sein (*poète maudit* vs. *poète raté*). Für die Beurteilung des Autors ist der Begriff des ‚Habitus' von zentraler Bedeutung. Bourdieu definiert den Habitus als „etwas Erworbenes und zugleich ein ‚Haben' [...], das manchmal als Kapital funktionieren kann". Das bedeutet, dass alles, was zu der aktuellen Position eines Autors innerhalb des literarischen Feldes geführt hat, eventuell Ausdruck in seinen Werken findet und gesondert zu untersuchen ist. Bourdieu spricht in diesem Zusammenhang von Positionierung, d.h. dem kulturellen Ausdruck der eigenen Position. Der Autor ist nicht mehr nur als charismatischer Kulturproduzent zu sehen, sondern auch als Kulturrezipient, der selbst einen Einfluss erlebt hat. Erst in diesem Bewusstsein kann man als Literaturwissenschaftler die verschiedenen Standpunkte eines Werkes bzw. seines Autors nachvollziehen.

Zusammengefasst definiert Bourdieu das ‚Feld' also als Projektionsfläche mit einer literarischen Vorgeschichte und kodifizierten Spielregeln, an denen auch gesellschaftliche Einflüsse gebrochen werden und ästhetisch übersetzt wieder Ausdruck in kulturellen Werken finden. Eine fundierte Analyse kultureller Werke setzt daher drei Schritte voraus:

1. Die Untersuchung der Position des literarischen Feldes innerhalb des Feldes der Macht und deren Entwicklung
2. Die Analyse der inneren Struktur des literarischen Feldes (Positionen und Beziehungen von Autoren, Gruppen etc.)
3. Die Untersuchung der Genese des Habitus der Inhaber dieser Position (Ergebnis des gesellschaftlichen Werdegangs)

Diese Punkte sollen exemplarisch an Paul Verlaines Gedicht *Art poétique* und dessen Bedeutung für die Gruppe der Symbolisten zur Zeit der Jahrhundertwende untersucht werden.

Die Symbolisten

Seit dem Literaturstreit zwischen Klassizisten und Anhängern eines romantischen Geschmacksideals war die Entwicklung der Literatur von der Entwicklung der Gesellschaft abhängig gemacht worden.[1] Wenn aus den „Kindern der Revolution" (Stendhal) tatsächlich ein neues Volk hervorgegangen ist wie Viktor Hugo behauptet, dann hatte ihm auch eine *art nouveau* zu entsprechen. Angewandte Wissenschaft, Industrie, Technik, Großstadt etc. waren längst dabei, die menschlichen Beziehungen unwiderruflich neu zu definieren. Wo sich jedoch transzendente Blickrichtungen zunehmend abschwächten, konnte deshalb die Lyrik in den ungewohnten Zugzwang geraten, sich „auf den Stand der Zeit" zu bringen. Baudelaire, als Vorreiter der Moderne, reagierte bereits auf die fühlbar werdende Entfremdung der Dichtung zu den Empfindungsweisen der Epoche mit der Vision einer neuen „poetischen Prosa". Sie sollte „musikalisch ohne Rhythmus und Reim, geschmeidig und kantig" zugleich sein, um einer „Beschreibung des modernen Lebens" genügen zu können.[2]

Die symbolistische Schule entstand letztlich, wie jede neue Gruppe im literarischen Feld, als neue ästhetische Häresie die sich in diesem Fall gegen die dominierende parnassische Orthodoxie formierte. Diese Opposition ging zunächst nur von einem Einzigen aus, nämlich Stéphane Mallarme. 1876 wird der zukünftige Symbolist von den Parnassiens exkommuniziert, weil sein Werk nicht mit dem Kanon konform ging. Nach einer ersten Phase von beinahe prophetischer Einsamkeit in der sein Werk nur von wenigen Bewunderern gewürdigt wurde, entsprach die skulpturale und sonore Poesie des Parnasse seit den Jahren 80-82 nicht mehr dem Geschmack der Zeit und die neue Generation forderte etwas Neues. Den eigentlichen Wendepunkt markiert 1884. In einem weit verbreiteten Schriftstück mit dem Titel *Les Poètes maudits* stellte Verlaine einige Dichter vor, die später als Meister des Symbolismus gelten sollten: Mallarmé, Rimbaud und Tristan Corbière.[3] Was die Anhänger der *poètes maudits* antreibt, ist das Gefühl von Ungerechtigkeit, die zum Verkennen der „Meister" geführt hat. Der Wille zur Wiedergutmachung, der die Dichter fast zu Märtyrern erhebt, inspiriert sie ebenso wie das Aufbegehren gegen die Parnassiens, die sich für die Exklusion verantwortlich zeichnen.

---

[1] Wehle, Winfried (1987): S. 413
[2] Baudelaire, zitiert nach Wehle, Winfried (1987): S. 414
[3] Jurt, Joseph (1986): S. 23

4

Zunächst wird diese neue literarische Strömung mit „*Décadents*" tituliert; der Begriff entstammt Gedichten und Artikeln dieser Zeit. Jene Schriften, so wie auch *Les Poètes maudits* von Verlaine, sollten der neuen, bisher verkannten Poesie zu einer sozialen Existenz verhelfen; ihre Präsenz in der öffentlichen Meinung, ihre Anerkennung war jedoch noch nicht gleichbedeutend mit der Konstitution einer literarischen Gruppe. Diese formierte sich erst im und um Mallarmés Salon. Wenn ein Rebell des literarischen Feldes Erfolg erntet – was bei Mallarmé dank der verschiedenen Schriften über die *Poètes maudits* bzw. *Décadents* der Fall war – formiert sich eine „emotionale Gemeinschaft" um den neuen Anführer, der eine charismatische Macht ausübt.[4] Ab 1885 entstand eine solche Allianz um Mallarmé; die jungen Poeten nennen sich selbst „Symbolisten" und treffen sich regelmäßig in der Rue de Rome:

> „On entrait chez Mallarmé, c'était le soir, on trouvait là d'abord un grand silence ; à la porte, tous les de la rue mouraient. Mallarmé commençait à parler d'une voix douce, musicale, inoubliable."[5]

Seine Anhänger waren versucht, ihren Anführer zu sakralisieren und die Treffen als Kult zu leben; gleichzeitig wurde auch die Poesie als etwas Heiliges verehrt. Der Hermetismus, der vor allem Kennzeichen für Mallarmés Poesie war, dient dazu, ihre marginale Position im literarischen Feld zu verherrlichen. Er war eine ästhetische Rechtfertigung ihrer gesellschaftlichen Isolation. Eine „emotionale Gemeinschaft" entsteht nicht allein durch Gruppierung um einen charismatischen Anführer, sondern auch in Abgrenzung zu anderen Gruppen, die sich a) ebenfalls in einer dominierten Position befinden oder b) dominieren. So kann die Gruppe der Symbolisten um Mallarmé als Kondensation der Gruppe der *Décadents* gesehen werden. Die Abgrenzung äußerte sich unter anderem topographisch: Während die *Décadents* den *rive gauche*, d.h. das linke Seine-Ufer bewohnten, zog es die Symbolisten bald zum *rive droite* und der Rue de Rome. Dieser Umzug hatte auch soziale Konsequenzen und verschaffte den Symbolisten eine gewisse „Respektabilität"[6]. Bemerkenswert ist dabei die Berufung auf die jeweilige Ideologie: Während die Symbolisten sich hinter Mallarmé und die Suche nach der absoluten Idee durch die Poesie stellten, war Verlaine und seine Beschäftigung mit dem Ausdruck der Emotion das Vorbild der *Décadents*. Die Wahl für eine Poesie auf der Suche nach der reinen Idee ist vermutlich radikaler, absoluter als die Suche nach einem musikalischen Ausdruck von Emotion, die noch mehr der Romantik verhaftet ist.

---

[4] Jurt, Joseph (1986): S. 23
[5] Henri Gide, zitiert nach Jurt, Joseph (1986): S. 24
[6] Jurt, Joseph (1986): S. 25

Somit ist Verlaine ideologisch zwar nah an den Symbolisten, aber kein integrierter Bestandteil der Gruppe. Was die beiden Gruppen hauptsächlich unterscheidet ist die soziale Herkunft der jeweiligen Mitglieder. Die Anhänger des Symbolismus gehören überwiegend der Mittelschicht, der Bourgeoisie oder den Noblen an; fast alle haben eine höhere Schulbildung genossen oder sogar studiert. Die Mitglieder der *Décadents* hingegen stammen aus bescheideneren Verhältnissen und verfügen über ein geringeres kulturelles Kapital.

Gemeinsam ist den beiden literarischen Strömungen die Opposition zum Parnasse. Es geht nicht eigentlich um einen Legitimitätskonflikt, denn alle drei reklamieren für sich das Prinzip der *art pur*. Allerdings gab es fundamentale Unterschiede in der Vorstellung, wie man diese *art pur* umzusetzen habe: Die Symbolisten warfen den Parnassiens vor, die Inspiration zu banalisieren indem sie sie auf technische Probleme wie den Reim reduzierten; dabei geriete die eigentliche Basis jeder Poesie, das Mysterium, aus dem Blick.[7] Die Gruppe der Symbolisten hat zum Ende der 1880er Jahre sicherlich ein nicht unwesentliches symbolisches Kapital errungen. Dennoch konnten sie der Vorherrschaft des Parnasse nicht wirklich etwas anhaben. Seine Anhänger waren z.T. Mitglieder der renommierten *Académie française* und hatten wichtige Plätze innerhalb der Presse inne, was ihnen die Kontrolle über die Literaturkritik verschaffte. Das Resultat dieser offensichtlichen Macht war, dass die Symbolisten nie wirklich eine literarische Anerkennung erfahren haben; dazu hat sicherlich auch die „lose" ästhetische Konzeption der Symbolisten beigetragen: Sie verbot von vornherein eine Fixierung von Regeln, die man anderen aufzwingen könnte. Im gleichen Maße konnten sie auch nie zu einer orthodoxen Macht werden, die ihre Regeln verteidigt.

Das Werk im Detail

Die Existenz von Paul Verlaine erstreckt sich über die ganze zweite Hälfte des 19. Jahrhunderts. Das hat ihm erlaubt, Zeuge vom Ende der Romantik, dem Zenit des Parnasse und der Geburt vieler neuer Strömungen und Dichterschulen nach 1870 zu werden. Er gehörte, nacheinander, jeder dieser Strömungen an, wobei er sich gleichzeitig eine gewisse Originalität zu bewahren wusste.[8]

Die *Art poétique* wurde bereits im Jahre 1874 geschrieben und erschien zehn Jahre später in dem Buch *Jadis et Naguère*. Zur Zeit seiner Entstehung saß Verlaine im Gefängnis in Mons

---

[7] Jurt, Joseph (1986): S. 26
[8] Monkiewicz, Bronislawa (1983): S. 5

ein, nachdem er auf seinen ehemaligen Freund Rimbaud geschossen hatte. Die Haft und mit ihr die Einsamkeit erlaubten es ihm, die Gedanken die ihn schon längere zeit bewegten zu konkretisieren:

> „Je réfléchis très sérieusement et bien modeste à ma reforme. Les vers seront d'après un système très musical, sans puérilité."[9]

Das Gedicht wurde seinerzeit als „symbolistisches Manifest" gelesen. Immer darum besorgt, unabhängig zu bleiben, minimierte Verlaine seine Bedeutung indem er sagte, es sei *qu'une chanson après tout*". Er versuchte nicht Schule zu machen sondern definierte vielmehr eine eigene Konzeption der Poesie und schreibt dieses Regelwerk gegen Regeln. Diese und ähnliche Äußerungen konnten aber nicht verhindern, dass sein Werk von den neuen Dichtern als willkommenes Programm für ihre neuen Ideen wahrgenommen wurde. Man sprach von „Gesetz und Prophetien für die kleine, dekadent genannte Schule", den „Geboten", dem „Credo des neuen Parnasse" oder auch von der „Dichtkunst der symbolistischen Schule".[10]

Zur Positionierung nutzt Verlaine zum einen die Widmung an Charles Maurice, einen befreundeten Kritiker und Symbolismus-Theoretiker, und zum anderen der Titel *Art poétique* – er verweist zum einen ironisch distanzierend auf Nicolas Boileau, der im 17. Jahrhundert die Regelpoetik der französischen Klassik verfasste, zum anderen spielt er auf das Gedicht *l'Art* von Théophile Gautier an, das 1857 erschien. Verlaine plädiert dezidiert gegen eine Poetik aus Stein, gegen das Präzise und Farbe ohne Nuance, wie sie noch von Gautier in seinem Gedicht verteidigt werden. *L'Art* war für die Parnassiens die Referenz schlechthin. Verlaine war vor allem die parnassische Präzision ein Dorn im Auge: Poesie kann nicht suggestiv sein, wenn die Wörter nicht vage bleiben. Erst eine gewisse Ungenauigkeit erlaubt es dem Leser, seine eigene Interpretation zu finden. Damit nimmt Verlaine inhaltlich die Position des häretischen Rebellen ein, der gegen die alte Schule argumentiert.

Die École de Parnasse legte außer den in *L'Art* vertretenen Thesen großen Wert auf die Form des Gedichts, ja sie erhebt für die Form noch einmal wie in der Epoche der normativen Gattungspoetik Anspruch auf klassische Geltung. Der Reim spielt dementsprechend eine nicht unerhebliche Rolle. Die *Art poétique* von Verlaine ist in dieser Hinsicht aber nicht einfach ein Akt des Brechens mit dem Parnasse; vielmehr geht es Verlaine um eine Poetik

---

[9] Korrespondenz mit Edmond Lepelletier während der Haft, zitiert nach Monkiewicz, Bronislawa (1983): S. 31
[10] Bivort, Olivier (2007): S. 110

der Freiheit, deren einzige Regel darin besteht, gute Gedichte hervorzubringen. So wird auch der *rime* nicht grundsätzlich abgelehnt, sondern nur sein exzessiver Gebrauch wie in die Parnassiens mit ihrem Kult um den *rime riche*[11] betreiben; denn durch die Begrenzung möglicher Reime entsteht zwangsläufig eine gewisse Monotonie. Nach den Romantikern, aber doch mit Distanz zu ihnen plädiert Verlaine also für eine Befreiung des Verses und der Poesie. Die Form war bis dato ein selbstverständlicher Bestandteil der literarischen Erziehung und Tradition präsent gewesen. Formale Neuerungen und Gattungsexperimente hatten in der französischen Romantik anders als in der deutschen kein Publikum. Der *vers impair* ist ein solches Experiment, bleibt aber ambivalent: Verlaine hat ihn zwar häufiger gebraucht, aber hat ihn sicher nicht „präferiert". Er blieb eine wohlklingende Ausnahme, mit der Verlaine besondere Effekte erzielen konnte und der schlicht neben den klassischen Metren existiert.[12]

Die Ablehnung der *Couleur*, die als deskriptives Mittel der Wirklichkeitserfassung für Romantik, Realismus und Parnasse gleich wichtig war, zugunsten der musikalischen *Nuance* rückt Verlaine in die Nähe einer nicht mehr mimetischen (und bald auch surrealistischen) Moderne. Verlaine will sich von den alten Traditionen lösen und sieht den neuen Wert der Lyrik ausschließlich in der Musikalität. Das bedeutet nicht, dass die Musik bis dato in der französischen Lyrik abwesend gewesen wäre; allerdings war sie ein Element von untergeordneter Bedeutung. Die geläufige Ausdrucksform in der Klassik war die poetisierte Eloquenz, man betrachte nur das Werk von Corneille und Molière. Dagegen begehrt Verlaine mit den Versen „*prends l'Éloquence et tords lui son cou!*" auf. Dabei stoppt er sich selbst im Redefluss und wendet somit gleich seine eigene Regel an. Im 17. und 18. Jahrhundert gibt es die sogenannte argumentative Lyrik, in der die Dichter den *Esprit* herausstellen wollen; auch hiervon distanziert sich Verlaine dezidiert. *Esprit* und *rire* sind seinem Lyrikideal diametral entgegengesetzt, sie sind verbunden mit einem zu starken Gefühl von Lächerlichkeit. Zusammengefasst lassen sich alle seine Grundsätze als Konsequenz bzw. Bedingung der Musikalität lesen: Die Vorliebe für fließende Metren, das Verschwommene und die Nuance, die Verurteilung von Esprit und Eloquenz sowie des *rime riche*. Damit räumt er der

---

[11] Die Qualität eines Reims ist in der parnassischen Regelpoetik abhängig von der Anzahl der wiederholten Phoneme; beim rime riche müssen drei oder mehr Phoneme wiederholt werden, was die Anzahl der möglichen Reime stark einschränkt

[12] Aguettant, Louis (1978) : S. 83

dichterischen Sprache so viel Flexibilität ein, dass ihre Grenze zur rhythmisierten Prosa fließend wird.

Einige Kritiker sehen in Verlaines Konzeption auch die Erweiterung des *Petit Traité de poésie* von Théodore de Banville. Dafür spricht auch eine eigene Aussage Verlaines aus dem Jahre 1887, in der er davon spricht, dass die neue symbolistische Schule sich von gewissen Regeln befreien solle *„déjà dénoncées par Banville“*.[13] Auch typographisch und semantisch wird die Anspielung auf den *Traité de poésie* offenbar: So schreibt Verlaine, wie Banville auch, das Wort *Rime* in seinem Gedicht mit einem Majuskel; zudem nutzt er die gleichen Reime wie Banville in einigen seiner Gedichte.[14] Banville proklamierte als einer der ersten, dass der wahre Poet *„n'eût autre maître que son oreille délicate, subtilisée par les plus douces caresses de la musique“*.[15]

Fazit

L'Art poétique ist kein poetisches Manifest sondern vielmehr eine Bilanz, ein Blick auf eine ständig in Veränderung begriffene Ästhetik. Es ist eine Abhandlung, die zu sehr von Verlaines Persönlichkeit, seinem Stil geprägt ist, als dass sie als unantastbar und stellvertretend für die symbolistische Dichtkunst gesehen werden kann. *L'Art poétique* ist vergängliche Poesie als Gegensatz zu jeglicher Form von Dogmatismus. Gleichzeitig wurde sie jedoch sowohl von Zeitgenossen als auch nachfolgenden Generationen vielfach als Manifest des Symbolismus gelesen; dazu hat sicherlich die inhaltliche Stellungnahme gegen die alten Schulen sowie die Widmung an Charles Maurice besonders beigetragen. Es ist nicht mehr festzustellen, ob es Verlaine ernst war mit seiner Äußerungen über das Gedicht, er wolle keine Schule machen, oder ob es sich hierbei nur um ein geschickt genutztes Inszenierungsmittel handelt. Immerhin war ein herausragendes Charakteristikum des Symbolismus die Verneinung jedweder Form von Dogmatismus.

---

[13] Bienvenu, Jacques (2007): S. 99

[14] Vgl. Bienvenu, Jacques (2007): S. 101

[15] Zitiert nach Bienvenu, Jacques (2007): S. 102

Bibliographie

Aguettant, Louis : *Verlaine*. Les Éditions du Cerf, Paris 1978

Bienvenu, Jacques: *L'Art poétique de Verlaine. Une réponse au traité de Banville*. In : Europe. Revue littéraire mensuel No. 936, April 2007, S. 97-108

Bourdieu, Pierre: *Les Règles de l'Art. Genèse et structure du champ littéraire*. Seuil, Paris 1992

Biétry, Roland: *Les théories poétiques à l'époque symboliste*. Lang, Bern 1989

Bivort, Olivier: *L'Art poétique du XIXe siècle*. In : Europe. Revue littéraire mensuel No. 936, April 2007, S. 109-119

Gouvard, Jean-Michel (Hg.): *Verlaine à la loupe. Colloque de Cerisy, 11 - 18 juillet 1996*. Champion, Paris 2000

Hindenberger, Hannelise (Hg. und Übersetzung) : *Paul Verlaine. Gedichte*. Verlag Lambert Schneider, Heidelberg 1979

Jurt, Joseph: *Les mécanismes de constitution de groupes littéraires : L'exemple du Symbolisme*. In : Neophilologus No. 70, Ausgabe 1 (Januar 1986), S. 20

Monkiewicz, Bronislawa: Verlaine critique littéraire. Slatkine, Genf 1983. Nachdruck der Ed. de Paris, 1923

Neumeister, Sebastian : *Zwischen Hugo und Mallarmé. Die lyrischen Gattungen in der Mitte des 19. Jahrhunderts*. In: Janik, Dieter: Die französische Lyrik. Wissenschaftliche Buchgesellschaft, Darmstadt 1987

Verlaine, Paul: *Poetische Werke. Französisch und deutsch*, übersetzt von Sigmar Löffler. Insel-Verlag, Leipzig 1977

Wehle, Winfried: *Lyrik im Zeitalter der Avantgarde. Die Entstehung einer „ganz neuen Ästhetik" zu Jahrhundertbeginn*. In: Janik, Dieter: Die französische Lyrik. Wissenschaftliche Buchgesellschaft, Darmstadt 1987

Anhang: Gedicht inkl. Übersetzung und Interpretation

ART POÉTIQUE	DICHTKUNST	Anspielung auf Klassik: Nicolas Boileau
À Charles Morice	*Für Charles Morice*	Befreundeter Kritiker u. Symbolismus-Theoretiker
De la musique avant toute chose, Et pour cela préfère l'Impair Plus vague et plus soluble dans l'air, Sans rien en lui qui pèse ou qui pose.	Musik muß sein vor allen Dingen. Zieh deshalb vor den unbestimmten Duft verschwommen und ganz aufgelöst in Luft, und nichts enthaltend, das beschwert beim Singen.	Impair: a) Metrum m. ungleicher Silbenzahl (Isometrie) b) Metrum innerhalb der Strophe variiert (Heterometrie)
Il faut aussi que tu n'ailles point Choisir tes mots sans quelque méprise : Rien de plus cher que la chanson grise Où l'Indécis au Précis se joint.	Du sollst auch niemals wählend finden die Worte, ohne zu mißtrauen. Wie schön, wenn in dem Lied, dem grauen sich Ungefähres und Bestimmtes binden;	Mischung aus schwarz und weiß; ungenau
C'est des beaux yeux derrière des voiles, C'est le grand jour tremblant de midi, C'est, par un ciel d'automne attiédi, Le bleu fouillis des claires étoiles !	die schönen Augen hinter Schleierferne, der hohe Mittag, der verzittert, des Herbstes Dunst, der uns vergittert das wirre Blau der hellen Sterne.	
Car nous voulons la Nuance encor, Pas la Couleur, rien que la nuance ! Oh ! la nuance seule fiance Le rêve au rêve et la flûte au cor !	Schattierung nur ist uns vonnöten; nicht Farben, nur Schattierung wählt! O! Die Schattierung bloß vermählt den Traum dem Traum, das Horn den Flöten!	
Fuis du plus loin la Pointe assassine, L'Esprit cruel et le Rire impur, Qui font pleurer les yeux de l'Azur, Et tout cet ail de basse cuisine !	Flieh weit die tödlichen Witze auch, grausamen Geist und schmutziges Lachen, die Himmelsaugen weinen machen, und all der schnöden Küche Lauch.	17-18 Jh., argumentative Lyrik: Dichter wollten *esprit* zeigen
Prends l'Éloquence et tords-lui son cou ! Tu feras bien, en train d'énergie, De rendre un peu la Rime assagie. Si l'on ne veille, elle ira jusqu'où ?	Nimm die Beredsamkeit, brich ihr den Hals! Du tust auch gut, mit kräftigem Zügel dem Reim zu zähmen seine Flügel. Denn wacht man nicht, geht durch er allenfalls.	Subjektive Schreibergüsse der Romantik werden zurückgewiesen
Oh ! qui dira les torts de la Rime ! Quel enfant sourd ou quel nègre fou Nous a forgé ce bijou d'un sou Qui sonne creux et faux sous la lime ?	O, wer nennt all des Reimes Schlichte! Welch blödes Kind, welch verrückter Mohr wies uns dies billige Kleinod vor, das hohl und falsch tönt unterm Feilenstriche?	Die *École de Parnasse* (gerade Silbenzahl, reine Präzision, rime riche...) wird abgelehnt
De la musique, encore et toujours ! Que ton vers soit la chose envolée Qu'on sent qui fuit d'une âme en allée Vers d'autres cieux et d'autres amours.	Nochmals: Musik, damit sie immer bliebe! Dein Vers sei etwas, das entschwebt, bei dem man fühlt, wie eine Seele sich erhebt zu neuen Himmeln, neuer Liebe.	Eigene Vostellung wird anderen Schulen gegenübergestellt—neuer Wert der Lyrik: Musikalität, Mischung aus Genauigkeit und Ungenauigkeit
Que ton vers soit la bonne aventure Éparse au vent crispé du matin Qui va fleurant la menthe et le thym... Et tout le reste est littérature.	Dein Vers sei kühnes Wagnis nur, im krausen Morgenwind vertan, der Minze streift und Thymian... Der Rest ist nichts als Literatur	
		Wendet seine eigenen Leitlinien direkt an; gelesen als Manifest des Symbolismus, aber nicht als Programmatik (Regelwerk gegen Regeln)